FRASES DE EVA PERÓN

FRASES DE EVITA, LA MUJER MÁS IMPORTANTE DE LA HISTORIA Y LA POLÍTICA ARGENTINA

Frases de Eva Perón

Primera edición: 2025©

Historia, Política, frases, lucha social, citas, peronismo, socialismo, feminismo, mujeres.

ISBN: 978-987-48766-3-8
Editor: A.M. Rothman
Editorial: escribirte.com.ar

Hecho en la
Argentina

www.escribirte.com.ar

TABLE OF CONTENT

- Nadie sino el pueblo me llama Evita.

Introducción

Eva Perón es una de las mujeres más reconocidas y populares de la historia argentina, sus luchas sociales y reivindicativas a favor de las mujeres y las clases más desfavorecidas, la convirtieron en más que una leyenda, un mito de la justicia social y los derechos de la mujer.

Nunca antes hubo una mujer más importante en la historia argentina con un rol tan protagónico y controvertido.

Fue así que, evita se transformó en icono de los trabajadores y de la lucha feminista. Y una referente indiscutido e histórico de la política argentina.

En este libro encontrarás una hermosa selección de frases de Eva Perón, para pensar y reflexionar no solo sobre esta fascinante mujer, sino sobre la política, las luchas sociales y la vida misma.

El objetivo del libro es resumir el pensamiento de Eva Perón sintetizados en sus citas más famosas, las más polémicas, y las más inspiradoras.

La obra se encuentra ilustrada con fotografías históricas.

Seas fanático peronista o no, las frases de Eva Perón nos permiten comprender más sobre ella y el pensamiento político y social de la época.

Espero que el libro sea de su agrado y le otorgue una interesante lectura.

Frases de Eva Perón

Frases de Evita, La mujer más importante de la historia Argentina.

Frases Célebres de Eva Perón

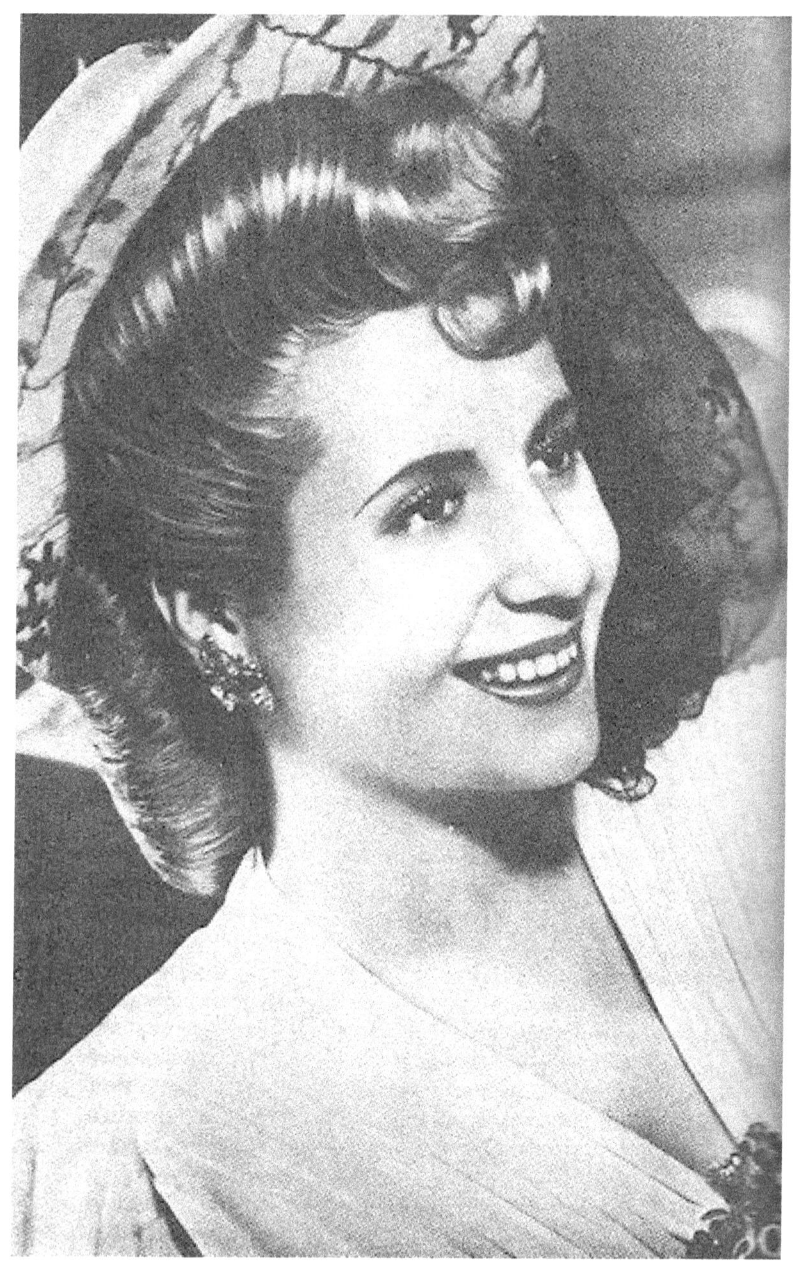

Donde existe una necesidad nace un derecho.

Cuando elegí ser Evita sé que elegí el camino de mi pueblo.

Le pido a Dios que me dé algunas vacaciones en mi sufrimiento.

Prefiero ser Evita, antes de ser la esposa del Presidente, si ese Evita es dicho para calmar algún dolor en algún hogar de mi patria.

Yo no pude acostumbrarme al veneno y nunca, desde los once años, me pareció natural y lógica la injusticia social.

¿Sabrán mis "grasitas" todo lo que yo los quiero?

Aparento vivir en un sopor permanente para que supongan que ignoro el final...

Quiero vivir eternamente con Perón y con mi Pueblo.

Los síntomas de la injusticia social en que vivía nuestra Patria se me aparecían entonces a cada paso; en cada recodo del camino; y me acorralaban en cualquier parte y todos los días.

Desde aquel día pienso que no debe ser muy difícil morir por una causa que se ama. O simplemente: morir por amor.

Ahora si me preguntasen qué prefiero, mi respuesta no tardaría en salir de mí: me gusta más mi nombre de pueblo.

Cuando algunos elogian mi "intuición" se refieren siempre al rápido conocimiento que tengo de las personas con que trato. A veces he confiado en quienes muchos desconfiaban y otras he desconfiado de quienes todos creían. Casi siempre el tiempo me ha dado la razón

Yo elegí ser "Evita"... para que por mi intermedio el pueblo y sobre todos los trabajadores, encontrasen siempre libre el camino de su Líder.

Cuando un obrero me llama "Evita" me siento con gusto "compañera" de todos los hombres que trabajan en mi país y aun en el mundo entero.

Un día me dijeron que era demasiado peronista para que pudiese encabezar un movimiento de las mujeres de mi Patria.

Confieso que tengo una ambición, una sola y gran ambición personal: quisiera que el nombre de Evita figurase alguna vez en la historia de mi Patria.

Un oligarca venido a menos podrá ser materialmente descamisado pero no será un descamisado auténtico.

No tengo aspiraciones de profeta; pero estoy firmemente convencida de que, cuando el siglo se cumpla, los hombres recordarán con cariño el nombre de Perón; y lo bendecirán por haberles enseñado a vivir.

En mi despacho nunca faltan obreros. Yo los veo muchas veces conversar con los ministros, con altos funcionarios, embajadores, visitantes ilustres y aun famosos.

Sangra tanto el corazón del que pide, que hay que correr y dar, sin esperar.

Nadie sino el pueblo me llama Evita.

Nuestra patria dejará de ser colonia, o la bandera flameará sobre sus ruinas.

El mundo será de los pueblos si los pueblos decidimos enardecernos en el fuego sagrado del fanatismo.

La patria es el pueblo y nada puede sobreponerse al pueblo sin que corran peligro la libertad y la justicia. Las fuerzas armadas sirven a la patria sirviendo al pueblo. El capitalismo foráneo, el capitalismo foráneo y sus sirvientes oligárquicos y entreguistas han podido comprobar que no hay fuerza capaz de doblegar a un pueblo que tiene conciencia de sus derechos.

Yo no quise ni quiero nada para mí. Mi gloria es y será siempre el escudo de Perón y la bandera de mi pueblo. Y aunque deje en el camino jirones de mi vida, yo sé que ustedes recogerán mi nombre y lo llevarán como bandera a la victoria. Cada uno debe empezar a dar de sí todo lo que pueda dar, y aún más. Solo así construiremos la Argentina que deseamos, no para nosotros, sino para los que vendrán después, para nuestros hijos, para los argentinos de mañana.

La mayoría de los hombres que rodeaban entonces a Perón creyeron que yo no era más que una simple aventurera. Mediocres al fin, ellos no habían sabido sentir como yo, quemando mi alma, el fuego de Perón, su grandeza y su bondad, sus sueños y sus ideales. Ellos creyeron que yo "calculaba" con Perón, porque medían mi vida con la vara pequeña de sus almas.

Yo no me dejé arrancar el alma que traje de la calle, por eso no me deslumbró jamás la grandeza del poder y pude ver sus miserias. Por eso nunca me olvidé de las miserias de mi pueblo y pude ver sus grandezas.

Confieso que tengo una ambición, una sola y gran ambición personal: quisiera que el nombre de Evita figurase alguna vez en la historia de mi patria.

Queremos el bienestar de los trabajadores, la dignificación de los humildes y la grandeza de esta patria que Perón nos ha dado y que todos debemos defender como la más justa, la más libre y la más soberana de la Tierra.

Solamente los fanáticos que son idealistas y son sectarios no se entregan. Los fríos, los indiferentes, no deben servir al pueblo. No pueden servirlo aunque quieran.

Lo único que debemos hacer es adquirir plena conciencia del poder que poseemos y no olvidarnos de que nadie puede hacer nada sin el pueblo, que nadie puede hacer tampoco nada que no quiera el pueblo.

¡Sólo basta que los pueblos nos decidamos a ser dueños de nuestros propios destinos! Todo lo demás es cuestión de enfrentar al destino.

Ahora si me preguntasen qué prefiero, mi respuesta no tardaría en salir de mí: me gusta más mi nombre de pueblo. Cuando un pibe me nombra Evita me siento madre de todos los pibes y de todos los débiles y humildes de mi tierra. Cuando un obrero me llama Evita me siento con gusto compañera de todos los hombres

El fanatismo es la única fuerza que Dios le dejó al corazón para ganar sus batallas. Es la gran fuerza de los pueblos: la única que no poseen sus enemigos, porque ellos han suprimido del mundo todo lo que suene a corazón.

Con las cenizas de los traidores construiremos la Patria de los humildes.

Yo no me dejé arrancar el alma que traje de la calle, por eso no me deslumbró jamás la grandeza del poder y pude ver sus miserias. Por eso nunca me olvidé de las miserias de mi pueblo y pude ver sus grandezas.

Ha llegado la hora de la mujer que piensa, juzga, rechaza o acepta, y ha muerto la hora de la mujer que asiste, atada e impotente, a la caprichosa elaboración política de los destinos de su país.

Lo único que los mueve es la envidia. No hay que tenerles miedo: la envidia de los sapos nunca pudo tapar el canto de los ruiseñores.

Me tienen sin cuidado los odios y las alabanzas de los hombres que pertenecen a la raza de los explotadores. Quiero rebelar a los pueblos. Quiero incendiarlos con el fuego de mi corazón.

Yo, que ya he vivido varios años los mejores de mi vida junto al general Perón, mi maestro y amigo, he aprendido de él a pensar y a sentir y a querer, teniendo como únicos ideales la felicidad del pueblo y la grandeza de la Nación.

La felicidad del pueblo que, para mi acción se concreta en el bienestar de los trabajadores y la dignificación de los humilde; y la grandeza de esta Patria que Perón nos ha dado y que todos debemos defender como la más justa, la más libre y la más soberana de la tierra.

En estos últimos tiempos, durante las horas de mi enfermedad, he pensado muchas veces en este mensaje de mi corazón. Quizás porque en "La Razón de mi Vida" no alcancé a decir todo lo que siento y lo que pienso, tengo que escribir otra vez.

Tenemos, hermanas mías, una alta misión que cumplir en los años que se avecinan. Luchar por la paz. Pero la lucha por la paz es también una guerra. Una guerra declarada y sin cuartel contra los privilegios de los parásitos que pretenden volver a negociar nuestro patrimonio de argentinos.

La limosna, dada para satisfacción de quien la otorga, deprime y aletarga. La ayuda social, honestamente practicada, tiene virtudes curativas. La limosna prolonga la enfermedad.

Yo no quiero otro honor que no sea cariño. Aceptar otra cosa sería romper la línea de conducta que le impuse a mi corazón y darles la razón a los que no creyeron en la sinceridad de mis palabras. Y ya no podrán decir jamás que, todos lo hice guiada por mezquinas y egoístas ambiciones personales.

La historia, con su juicio inexorable, nos encontrará al fin del camino y nos dará la razón; y esos rezagados del despertar nacional no tendrán más que una excusa: su mediocridad, su mezquindad de espíritu y su traición a la clase humilde de la patria

Nada hay en mi destino de extraordinario y menos de juego de azar. No puedo decir qué creo lógico y razonable de todo cuanto me ha sucedido, pero no sería leal y sincera si no dijese que todo me parece por lo menos natural.

Y cosa rara, si los hombres de gobierno, los dirigentes, los políticos, los embajadores, los que me llaman "Señora" me llamasen "Evita" me resultaría tal vez tan raro y fuera de lugar como que un pibe, un obrero o una persona humilde del pueblo me llamase "Señora". Pero creo que aún más raro e ineficaz habría de parecerles a ellos mismos.

Ahora no son nuestros enemigos los que nos indican que produzcamos más; somos nosotros mismos los que comprobamos que produciendo más viviremos mejor.

La mayoría de los hombres que rodeaban entonces a Perón creyeron que yo no era más que una simple aventurera. Mediocres al fin, ellos no habían sabido sentir como yo, quemando mi alma, el fuego de Perón, su grandeza y su bondad, sus sueños y sus ideales. Ellos creyeron que yo "calculaba" con Perón, porque medían mi vida con la vara pequeña de sus almas.

Frases de Evita sobre el Feminismo

La verdad, lo lógico, lo razonable es que el feminismo no se aparte de la naturaleza misma de la mujer.

Yo creo que el movimiento femenino organizado como fuerza en cada país y en todo el mundo debe hacerle y le haría un gran bien a toda la humanidad.

El voto femenino, será el arma que hará de nuestros hogares, el recaudo supremo e inviolable de una conducta pública

No sé en dónde he leído alguna vez que en este mundo nuestro, el gran ausente es el amor. Yo, aunque sea un poco de plagio, diré más bien que el mundo actual padece de una gran ausencia: la de la mujer. Todo, absolutamente todo en este mundo contemporáneo, ha sido hecho según la medida del hombre.

Ha llegado la hora de la mujer argentina.

Como mujer siento en el alma la cálida ternura del pueblo de donde vine y a quien me debo.

Ha llegado la hora de la mujer que comparte una causa pública y ha muerto la hora de la mujer como valor inerte y numérico dentro de la sociedad.

De nada valdría un movimiento femenino en un mundo sin justicia social

Ha llegado la hora de la mujer que piensa, juzga, rechaza o acepta, y ha muerto la hora de la mujer que asiste, atada e impotente, a la caprichosa elaboración política de los destinos de su país, que es, en definitiva, el destino de su hogar.

El voto femenino, la facultad de elegir y de vigilar, desde la trinchera hogareña, el desarrollo de esa voluntad, se ha convertido así, más que en una aspiración, en una exigencia impostergable.

La mujer puede y debe condicionar su propia conciencia, a la conciencia de la comunidad, de Ia que forma parte activa y vital

Prefiero ser solamente Evita a ser la esposa del Presidente, si ese "Evita" es pronunciado para remediar algo, en cualquier hogar de mi Patria.

La mujer del Presidente de la República, que os habla, no es más que una argentina más, la compañera Evita, que está luchando por la reivindicación de millones de mujeres injustamente pospuestas en aquello de mayor valor en toda conciencia: la voluntad de elegir, la voluntad de vigilar, desde el sagrado recinto del hogar, la marcha maravillosa de su propio país.

Quiero decirles la verdad de una humilde mujer del pueblo ¡La primera mujer del pueblo que no se dejó deslumbrar por el poder ni por la gloria!

Ha llegado la hora de la mujer argentina, integramente mujer en el goce paralelo de deberes y derechos comunes a todo ser humano que trabaja, y ha muerto la hora de la mujer compañera ocasional y colaboradora ínfima. Ha llegado, en síntesis, la hora de la mujer argentina redimida del tutelaje social, y ha muerto la hora de la mujer relegada a la más precaria tangencia con el verdadero mundo dinámico de la vida moderna.

La mujer puede y debe votar en mi país. La mujer votará, si las camaradas -- ahondando en sus responsabilidades nacionales-- ofrecen a todo un vasto y ansioso sector humano, el precioso instrumento de su reivindicación civil: el derecho a elegir y ser elegidas, como en las comunidades democráticas más avanzadas del mundo.

He aprendido en el dolor de cada día, la escuela de la sencillez. Conozco la crudeza de esperar. Sé de la angustia de ver pospuesta una aspiración y la certidumbre de poder abarcar ahora todo aquello que veía remoto e inaccesible, me hace ser modesta ante las cosas

Ha llegado, en síntesis, la hora de la mujer argentina redimida del tutelaje social, y ha muerto la hora de la mujer relegada a la más precaria tangencia con el verdadero mundo dinámico de la vida moderna.

Los hombres de gobierno, los dirigentes políticos, los embajadores, los hombres de empresa, profesionales e intelectuales que me visitan suelen llamarme "Señora"; y algunos incluso me dicen públicamente "Excelentísima" o "Dignísima Señora" y, aun a veces, "Señora Presidenta".

Como mujer siento en el alma la cálida ternura del pueblo de donde vine y a quien me debo.

Si una mujer vive para sí misma, yo creo que no es una mujer o no puede decirse que viva... El hombre puede vivir exclusivamente para sí mismo. La mujer, no.

En el camino del hogar a las urnas, está implícita la transformación de la vida cívica argentina, por el aporte de una nueva valoración política, ajena, a toda sugestión electoral que no sea la reclamada por la probidad, la conducta y el sentido del orden que rigen la sensibilidad y el espíritu femenino.

La alegría cotidiana, o el problema, son asimismo míos, y nada ni nadie podrá distraerlos de mi lado para hacer de la compañera Evita una mujer de sensibilidad sin resonancia, ubicada allí donde los vaivenes de la suerte del pueblo, o no son contemplados, o no llegan jamás.

Vosotras mismas, espontáneamente, con esa cálida ternura que distingue a las camaradas de una misma lucha, me habéis dado un nombre de lucha: Evita.

Allí donde vivas, junto a tu hombre y tu hijo, allí donde concibas y trabajes; allí donde esperes y sueñes; allí, en la mesa familiar, o en el patio, o en la gran cocina patriarcal de la chacra; allí, donde al final han de refluir las noticias de los diarios, el reclamo de la radio, o el repertorio de novedades del vecindario; allí mismo, en el centro del país que es tu hogar, y en el centro de tu hogar, que eres tú misma.

El voto femenino no será una abstracción ni una nebulosa. Ninguna mujer argentina, puede mostrar indiferencia, ante su inminente aprobación por el Congreso, porque, lo contrario, sería mostrar desafección por aquello que el país tiene de más puro y más incorruptible: la conciencia de una madre de familia, la conciencia de una mujer pera quien Dios creó el supremo derecho de crear.

En el corazón de los hombres gravitan perdurablemente las emociones y los sentimientos de la mujer. Madre, hermana, novia y esposa, dejan en las determinaciones de los hombres el sello indeleble de su paso por la vida, y si queremos un mundo mejor o una era mejor que la que nos ha tocado vivir, necesitamos que las acciones y las pasiones de los hombres se vean suavizadas, matizadas, ennoblecidas por nuestra ternura de mujer

El derecho de sufragio femenino no consiste tan solo en depositar la boleta en la urna.

Consiste esencialmente en elevar a la mujer a la categoría de verdadera orientadora de la conciencia nacional.

Deseamos fervorosamente que sea un resorte que perfeccione los perfiles de nuestras costumbres; que afine las expresiones de nuestra conducta; que sea ejemplo, norma y guía hacia el perfeccionamiento de nuestra comunidad nacional. Esperemos que el ejercicio de los derechos políticos de la mujer contribuya a depurar los sentimientos de nuestro pueblo, volviendo a las costumbres sencillas, humildes y alegres.

Por poco que contribuyamos a conseguirlo, nuestra existencia será por siempre más un canto al trabajo, un canto a la vida y un canto a la Patria.

Vuelvo a vosotras, mujeres de mi patria, para proseguir el análisis de la posición espiritual que adquiriremos con el reconocimiento legal de los derechos políticos de la mujer.

Hombres formados en las costumbres cristianas que han hecho fuerte a nuestra estirpe y sensibles a la emoción de nuestros criollísimos sentimientos. Hombres austeros, que forjen su vida al calor del hogar, donde siempre palpita un corazón de mujer.

Desde mi puesto de fiel colaboradora del hombre que todo lo da a la Patria, no escatimaré esfuerzo para que las mujeres de mi país tengan a su servicio cuanto de mí dependa para hacerlas dignas de la gran conquista democrática que se avecina.

He recorrido los viejos países de Europa, algunos devastados por la guerra. Allí, en contacto directo con el pueblo, he aprendido una lección más en la vida. La lección ejemplarizadora de la mujer abnegada y de trabajo, que lucha junto al hombre por la recuperación y por la paz. Mujeres que suman el aporte de su voluntad, de su capacidad y de su tesón. Mujeres que forjaron armas para sus hermanos, que combatieron al lado de ellos, niveladas en el valor y el heroísmo.

Íntegramente mujer en el goce paralelo de deberes y derechos comunes a todo ser humano que trabaja, y ha muerto la hora de la mujer compañera ocasional y colaboradora ínfima.

El sufragio femenino no ha de ser un formulismo más en nuestras prácticas democráticas.

FRASES DE EVITA SOBRE LOS TRABAJADORES

Ellos no ven en mí más que a Eva Perón.
Los descamisados, en cambio, no me conocen sino como Evita.

Descamisados fueron todos los que estuvieron en la Plaza de Mayo el 17 de Octubre de 1945.

El 1º de mayo, que en otros tiempos fue triste celebración de los trabajadores oprimidos, es ahora una de nuestras dos fiestas mayores.

A veces, la gente me pregunta qué soy yo para los obreros de mi país. Yo prefiero explicar primero qué son los obreros para mí.

Y ¿qué son, para mí, los descamisados? No puedo hablar de ellos sin que vengan a mi memoria los días de mi soledad en octubre de 1945.

Mi sectarismo es además un desagravio y una reparación. Durante un siglo los privilegiados fueron los explotadores de la clase obrera. ¡Hace falta que eso sea equilibrado con otro siglo en que los privilegiados sean los trabajadores!

Cuando pase ese siglo creo que recién habrá llegado el momento de tratar con la misma medida a los obreros que a los patrones, aunque ya para entonces el Justicialismo habrá conseguido su ideal de una sola clase de hombres: los que trabajan.

Yo vivo con mi corazón pegado al corazón de mi pueblo y conozco por eso todos sus latidos. Yo sé cómo siente, cómo piensa y cómo sufre.

Cuando la Patria estaba lesionada en sus sentimientos más puros, cuando en los hogares argentinos se carecía de todo, cuando los trabajadores no podían tender su mesa, cuando el niño estaba abandonado como lo estaban los ancianos y cuando no había más que desesperanza para todos los humildes y solo gozaban de felicidad cien familias privilegiadas, surgió un hombre que, cansado de tanta injusticia y de ver sufrir a la patria dominada por capitales foráneos sin bandera, creó la Secretaría de Trabajo y Previsión para remediar tantos males.

Renuncio a los honores, pero no a la lucha.

La fiesta de los trabajadores argentinos se basa en la felicidad de los humildes que, nobles y bien nacidos, vienen a rendir homenaje al líder de todos los trabajadores del mundo.

Los labios del pueblo, que se habían hecho para la sonrisa, por la inercia de los gobiernos despóticos y oligárquicos solo conocían el odio y las negaciones.

Cuando un pibe me nombra Evita me siento madre de todos los pibes y de todos los débiles y humildes de mi tierra. Cuando un obrero me llama Evita me siento con gusto compañera de todos los hombres

Unos pocos días al año, represento el papel de Eva Perón [...] La inmensa mayoría de los días soy en cambio Evita, puente tendido entre las esperanzas del pueblo y las manos realizadoras de Perón, primera peronista argentina, y éste sí que me resulta papel difícil, y en el que nunca estoy totalmente contenta de mí.

Solamente aprendieron a llamarme así los descamisados.

La verdad es que, sin ningún esfuerzo artificial, sin que me cueste íntimamente nada, tal como si hubiese nacido para todo esto, me siento responsable de los humildes como si fuese la madre de todos.

Nunca la oligarquía fue hostil con nadie que pudiera serle útil.

Lucho codo a codo con los obreros como si fuese de ellos una compañera más de taller o de fábrica; frente a las mujeres que confían en mí me considero algo así como una hermana mayor, en cierta medida responsable del destino de todas ellas que han depositado en mí sus esperanzas.

Soy sectaria, sí. No lo niego; y ya lo he dicho. Pero ¿podrá negarme alguien ese derecho? ¿Podrá negarse a los trabajadores el humilde privilegio de que yo esté más con ellos que con sus patrones? Si cuando yo busqué amparo en mi amargo calvario de 1945, ellos, solamente ellos, me abrieron las puertas y me tendieron una mano amiga.

Lo cierto es que yo, que veo en cada obrero a un descamisado, y a un peronista, no puedo ver lo mismo, si no está bien probado, en un patrón.

Todos llevamos en la sangre la semilla del egoísmo que nos puede hacer enemigos del pueblo y de su causa. Es necesario aplastarla donde quiera que brote si queremos que alguna vez el mundo alcance el mediodía brillante de los pueblos.

Los dirigentes del pueblo tienen que ser fanáticos del pueblo. Si no, se marean en la altura y no regresan. Yo los he visto también con el mareo de las cumbres.

Hay enemigos del pueblo. Y hay indiferentes. Estos pertenecen a la clase de hombre que Dante señaló ya en las puertas del infierno. Nunca se juegan por nada. Son como "los ángeles que no fueron ni fieles ni rebeldes".

De mí no se dirá jamás que traicioné a mi pueblo, mareada por las alturas del poder y de la gloria. Eso lo saben todos los pobres y todos los ricos de mi tierra, por eso me quieren los descamisados y los otros me odian y me calumnian.

Es lindo vivir con el pueblo. Sentirlo de cerca, sufrir con sus dolores y gozar con la simple alegría de su corazón. Pero nada de todo eso se puede si previamente no se ha decidido definitivamente encarnarse en el pueblo, hacerse una sola carne con él para que todo dolor y toda tristeza y angustia y toda alegría del pueblo sea lo mismo que si fuese nuestra.

Muchas veces, para desgracia de la fe, el clero ha servido a los políticos enemigos del pueblo predicando una estúpida resignación.

Mi mensaje está destinado a despertar el alma de los pueblos de su modorra frente a las infinitas formas de la opresión, y una de esas formas es la que utiliza el profundo sentido religioso de los pueblos como instrumento de esclavitud.

He sufrido mucho, pero mi dolor valía la felicidad de mi pueblo y yo no quise negarme, no quiero negarme, acepto sufrir hasta el último día de mi vida si eso sirve para restañar alguna herida o enjugar alguna lágrima.

No puede haber, como dice la doctrina de Perón, más que una sola clase: los que trabajan.

Yo no hago cuestión de clases. Yo no auspicio la lucha de clases, pero el dilema nuestro es muy claro: la oligarquía que nos explotó miles de años en el mundo tratará siempre de vencernos.

Sobre todo, a los dirigentes sindicales hay que cuidarlos mucho. Se marean también ellos y no hay que olvidar que cuando un político se deja dominar por la ambición es nada más que un ambicioso; pero cuando un dirigente sindical se entrega al deseo de dinero, de poder o de honores es un traidor y merece ser castigado como un traidor.

Los pueblos deben cuidar a los hombres que eligen para regir sus destinos. Y deben rechazarlos y destruirlos cuando los vean sedientos de riqueza, de poder o de honores.

Manténganse unidos, porque unidos serán fuertes y poderosos y entonces podrán hacer valer sus derechos. Esa debe ser la consigna. Saben perfectamente cuánto ha bregado el viejo coronel Perón desde la Secretaría de Trabajo y Previsión para obtener la unidad de la masa trabajadora.

Que los trabajadores tengan cuidado de los agitadores profesionales. Ustedes no deben tener más bandera que la azul y blanca ni cantar más himno que el nuestro y no deben vitorear a ningún mariscal extranjero, cuando en la República Argentina tenemos un General de la Nación que se juega y lucha por la felicidad de su pueblo.

Queremos una Argentina pacífica, poderosa y soberana y una masa trabajadora unida y feliz como ninguna en el mundo, y la queremos así, porque ese es el sueño del coronel Perón.

La obra del General Perón es demasiado grande para que la comprendan todos. Únicamente el pueblo la comprende porque el pueblo mantiene intactos los valores morales que nos legaron los grandes de nuestra patria.

FRASES DE EVITA SOBRE EL PUEBLO Y LA PATRIA

Pongo junto al alma de mi pueblo, mi propia alma.

No hay nada que sea más fuerte que un pueblo. Lo único que se necesita es decidirlo a ser justo, libre y soberano.

Con las cenizas de los traidores construiremos la Patria de los humildes.

Es lindo vivir con el pueblo. Sentirlo de cerca, sufrir con sus dolores y gozar con la simple alegría de su corazón Eso es lo que yo hice, poco a poco en mi vida. Por eso el pueblo me alegra y me duele. Me alegra cuando lo veo feliz y cuando yo puedo añadir un poco de mi vida a su felicidad.

Lo único que debemos hacer es adquirir plena conciencia del poder que poseemos y no olvidarnos de que nadie puede hacer nada sin el pueblo, que nadie puede hacer tampoco nada que no quiera el pueblo. ¡Sólo basta que los pueblos nos decidamos a ser dueños de nuestros propios destinos! Todo lo demás es cuestión de enfrentar al destino.

Tenemos que convencernos para siempre: el mundo será de los pueblos si los pueblos decidimos enardecernos en el fuego sagrado del fanatismo

No hay nada que sea más fuerte que un pueblo. Lo único que se necesita es decidirlo a ser justo, libre y soberano.

Nadie sino el pueblo me llama Evita

El 17 de Octubre nació en los surcos, en las fábricas y en los talleres. Surge de lo más noble de la actividad nacional.

No importan los rezagados del despertar nacional, yo no deseo, no quiero para el peronismo, a los ciudadanos sin mística revolucionaria.

Peronismo es la fe popular hecha partido en torno a una causa de esperanza que faltaba en la Patria.

No nos vamos a dejar explotar jamás por los que, vendidos por cuatro monedas, sirven a sus amos de las metrópolis extranjeras.

Nosotros vamos a cuidar de Perón más que si fuera nuestra vida, porque nosotros cuidamos una causa que es la causa de la patria, es la causa del pueblo.

Los pueblos de la tierra no sólo deben elegir al hombre que los conduzca: deben saber cuidarlo de los enemigos que tienen en las antesalas de todos los gobiernos

Lo único que debemos hacer es adquirir plena conciencia del poder que poseemos y no olvidarnos de que nadie puede hacer nada sin el pueblo, que nadie puede hacer tampoco nada que no quiera el pueblo

Queremos una Argentina pacífica, poderosa y soberana y una masa de trabajadores unida y feliz como ninguna en el mundo.

Queremos el bienestar de los trabajadores, la dignificación de los humildes y la grandeza de esta patria que Perón nos ha dado y que todos debemos defender como la más justa, la más libre y la más soberana de la Tierra.

El capitalismo foráneo y sus sirvientes oligárquicos y entreguistas han podido comprobar que no hay fuerza capaz de doblegar a un pueblo que tiene conciencia de sus derechos.

Más abominable aún que los imperialistas son los hombres de las oligarquías nacionales que se entregan vendiendo y a veces regalando por monedas o por sonrisas la felicidad de sus pueblos.

El arma de los imperialismos es el hambre. Nosotros, los pueblos sabemos lo que es morir de hambre.

La patria es el pueblo y nada puede sobreponerse al pueblo sin que corran peligro la libertad y la justicia.

Las fuerzas armadas sirven a la patria sirviendo al pueblo.

Confieso que tengo una ambición, una sola y gran ambición personal: quisiera que el nombre de Evita figurase alguna vez en la historia de mi patria.

Y me sentiría debidamente, sobradamente compensada si la nota terminase de esta manera: De aquella mujer sólo sabemos que el pueblo la llamaba, cariñosamente, Evita.

El fanatismo es la única fuerza que Dios le dejó al corazón para ganar sus batallas. Es la gran fuerza de los pueblos: la única que no poseen sus enemigos, porque ellos han suprimido del mundo todo lo que suene a corazón.

La patria no es patrimonio de ninguna fuerza.

Quiero revelar a los pueblos. Quiero incendiarlos con el fuego de mi corazón.

En la vida argentina ya no hay lugar para el colonialismo económico, para la injusticia social, ni para los traficantes de nuestra soberanía y nuestro porvenir.

Pongo junto al alma de mi pueblo, mi propia alma.

Los fríos, los indiferentes, no deben servir al pueblo. No pueden servirlo aunque quieran.

A la mujer de Franco no le gustaban los obreros, y cada vez que podía los tildaba de rojos porque habían participado en la guerra civil. Yo me aguanté un par de veces hasta que no pude más, y le dije que su marido no era un gobernante por los votos del pueblo sino por imposición de una victoria. A la gorda no le gustó nada.

El sentimiento religioso debe ser defendido por los pueblos y por eso todas sus deformaciones reclaman una condenación imperdonable.

Por eso nunca me olvidé de las miserias de mi pueblo y pude ver sus grandezas.

Estamos en una obra que nada ni nadie podrá detener.

En nuestro movimiento no tiene cabida el interés y el cálculo.

Marchamos con la conciencia hecha justicia que reclama la humanidad de nuestros días.

Si este pueblo me pidiese la vida, se la daría cantando, porque la felicidad de un solo descamisado vale más que toda mi vida.

¡Bendita sea la lucha a que nos obligó la incomprensión y la mentira de los enemigos de la Patria! ¡Benditos sean los obstáculos con que quisieron cerrarnos el camino, los dirigentes de esa falsa democracia de los privilegios oligárquicos y la negación nacional!

Aparento vivir en un sopor permanente para que supongan que ignoro el final... Es mi fin en este mundo y en mi patria, pero no en la memoria de los míos. Ellos siempre me tendrán presente, por la simple razón de que siempre habrá injusticias y regresarán a mi recuerdo todos los tristes desamparados de esta querida tierra.

Cuando elegí ser Evita sé que elegí el camino de mi pueblo. Ahora, a cuatro años de aquella elección, me resulta fácil demostrar que efectivamente fue así. Nadie sino el pueblo me llama Evita.

Lo único que debemos hacer es adquirir plena conciencia del poder que poseemos y no olvidarnos de que nadie puede hacer nada sin el pueblo, que nadie puede hacer tampoco nada que no quiera el pueblo.

Frases sobre Perón

Todos, o casi todos, tenemos en la vida un "día maravilloso". Para mí, fue el día en que mi vida coincidió con la vida de Perón.

Lo vieron avanzar a Perón y primero se reían de él creyéndole y aun diciéndole loco.

Yo no estuve en la cárcel con él; pero aquellos ocho días me duelen todavía; y más, mucho más, que si los hubiese podido pasar en su compañía, compartiendo su angustia.

Se la di entonces y se la sigo dando. Mientras viva no me olvidaré que él, Perón, me encomendó a sus descamisados en la hora más difícil de su vida.

A veces me suele decir cariñosamente el mismo Líder que soy "demasiado peronista".

Su rara insistencia me iluminó: ¡aquel "encargarme de sus trabajadores" era su palabra de amor, su más sentida palabra de amor!

Yo sería desleal con mi pueblo si no hablase de él. Por otra parte, nadie puede pensar que mi elogio tenga algún interés

Cada conversación que sostengo con él es una lección maravillosa que nunca parece lección.

Yo no quise ni quiero nada para mí. Mi gloria es y será siempre el escudo de Perón y la bandera de mi pueblo. Y aunque deje en el camino jirones de mi vida, yo sé que ustedes recogerán mi nombre y lo llevarán como bandera a la victoria.

Vosotras mismas, espontáneamente, con esa cálida ternura que distingue a las camaradas de una misma lucha, me habéis dado un nombre de lucha: Evita. Prefiero ser solamente Evita a ser la esposa del Presidente, si ese Evita es pronunciado para remediar algo, en cualquier hogar de mi Patria.

Yo lo he dicho ya otras veces, soy el pequeño gorrión de una bandada inmensa, a quien Perón, el cóndor que domina las alturas, enseñó a volar cerca del cielo

Gracias a Perón, estamos de pie virilmente. Los hombres se sienten más hombres, las mujeres nos sentimos más dignas.

Si el pueblo fuera feliz y la Patria grande, ser peronista sería un derecho. En nuestros días, ser peronista es un deber

La obra del general Perón a favor de la clase trabajadora, en pos de la libertad económica y de la soberanía de nuestra patria, es demasiado grande para que la comprendan los espíritus mediocres y mezquinos

El pueblo grita: la vida por Perón. Sí; la vida por Perón, porque si nos faltara él, tendríamos horas escasas para el progreso nacional y para la felicidad de los hogares humildes de la patria.

Debo confesar que, si todos los problemas de injusticia social y de dolor despiertan en mí la rebeldía y la voluntad de hacer justicia, el problema de la niñez es, por excelencia, el de mi mayor atención y máximo cariño. El dolor de los niños no lo justifico en ningún sentido.

La obra del general Perón se agiganta a la distancia y la comprenden los humildes porque ellos son los que con su trabajo, su sacrificio y su dedicación construyen la grandeza de la Argentina

Yo he presenciado la dura batalla de Perón con el privilegio de la fuerza, tan dura como las luchas contra el privilegio del dinero o de la sangre. Yo sé lo que ha sufrido, aunque he tenido el raro y maravilloso privilegio de ser algo así como el escudo donde se estrellaron siempre los ataques de sus enemigos.

Y el gobierno Peronista, inspirado por su conductor, trata de adelantarse al tiempo y se apoya cada vez más en las organizaciones sindicales.

Pienso que no deben ser muchos los pueblos a los que así, tan sencillamente, sin fórmula ninguna, pueden estar en contacto con la autoridad suprema del país.

FRASES DE EVA PERÓN SOBRE LA LUCHA SOCIAL

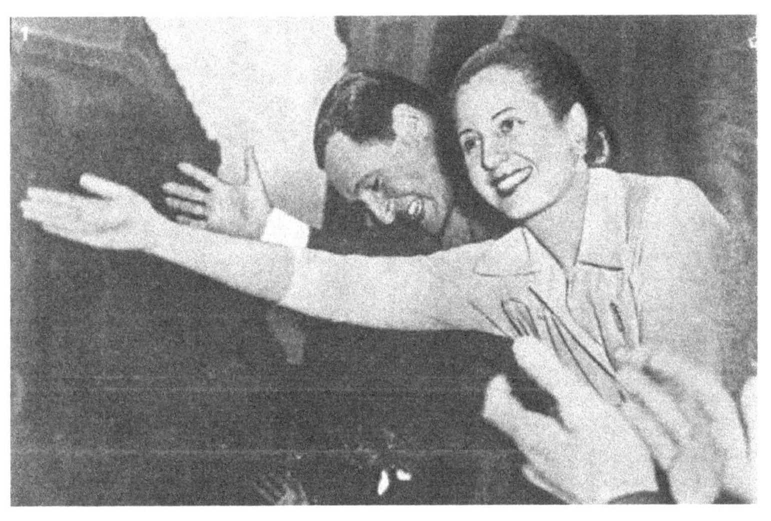

ARGENTINA
C . G .
REGIONAL
¡PRESEN

Ha llegado la hora de la mujer que comparte una causa pública y ha muerto la hora de la mujer como valor inerte y numérico dentro de la sociedad.

Yo no me dejé arrancar el alma que traje de la calle, por eso no me deslumbró jamás la grandeza del poder y pude ver sus miserias.

Sangra tanto el corazón del que pide, que hay que correr y dar, sin esperar

Las ideas tienen su raíz en la inteligencia, pero los ideales tienen su pedestal en el corazón.

Renuncio a los honores, pero no a la lucha.

Es mi fin en este mundo y en mi patria, pero no en la memoria de los míos. Ellos siempre me tendrán presente, por la simple razón de que siempre habrá injusticias y regresarán a mi recuerdo todos los tristes desamparados de esta querida tierra.

Quiero demasiado a los descamisados, a las mujeres, a los trabajadores de mi pueblo, y por extensión quiero demasiado a todos los pueblos del mundo, explotados y condenados a muerte por los imperialismos y los privilegiados de la tierra.

Si, todavía quedan sombras y nubes queriendo tapar el cielo y el sol de nuestra tierra, si todavía queda tanto dolor que mitigar y heridas que restañar, cómo será donde nadie ha visto la luz ni ha tomado en sus manos la bandera de los pueblos que marchan en silencio, ya sin lágrimas y sin suspiros, sangrando bajo la noche de la esclavitud!

Para ellos, para mi pueblo y para todos los pueblos de la humanidad es "Mi Mensaje". Ya no quiero explicarles nada de mi vida ni de mis obras. No quiero recibir ya ningún elogio. Me tienen sin cuidado los odios y las alabanzas de los hombres que pertenecen a la raza de los explotadores. Quiero rebelar a los pueblos. Quiero incendiarlos con el fuego de mi corazón

Nosotros, los pueblos sabemos lo que es morir de hambre.

Todos los países del mundo me rindieron sus homenajes, de alguna manera. Todo lo que me quiso brindar el círculo de los hombres en que me toca vivir, como mujer de un presidente extraordinario, lo acepté sonriendo, "prestando mi cara" para guardar mi corazón. Sonriendo, en medio de la farsa, conocí la verdad de todas sus mentiras.

Por eso nunca me olvidé de las miserias de mi pueblo y pude ver sus grandezas. Ahora conozco todas las verdades y todas las mentiras del mundo. Tengo que decirlas al pueblo de donde vine. Y tengo que decirlas a todos los pueblos engañados de la humanidad.

Lo recuerdo como si lo viese, con la mirada llena de brillo, con la frente levantada, con su limpia sonrisa, con su palabra encendida por el fuego de su corazón. Vi desde el primer momento la sombra de sus enemigos, acechando como buitres desde la altura o como víboras pegajosas desde la tierra vencida.

Vi su inmensa soledad, una soledad como la de los cóndores, como la de las altas cumbres, como la soledad de las estrellas en la inmensidad del infinito. Y a pesar de mi pequeñez, decidí acompañarlo.

Yo quería estar con él los días y las noches de su vida, en la paz de sus descansos y en las batallas de su lucha.

Ya sabia que él, como los cóndores, volaba alto y solo. ¡Y sin embargo yo tenía que volar con él!

¡Ese día decidí hacer lo posible para acompañarlo mejor! Recuerdo que le pedí que fuese mi maestro y él, en las treguas de su lucha, me enseñó un poco de todo cuanto pude aprender. Me gustaba leer a su lado. Empezamos por "Las vidas paralelas" de Plutarco y seguimos después con las "Cartas completas de Lord Chesterfield a su hijo Stanhope.

Sin embargo, la lucha que se libraba en torno de Perón era demasiado dura, muy grandes sus enemigos, casi infinita su soledad y demasiado grande mi amor para que yo pudiese conformarme con ser nada más que un poco de alegría en su camino.

Yo cuidé por mi pueblo a Perón y los eché de sus antesalas, a veces con una sonrisa, y a veces también con las duras palabras de la verdad que dije de frente con toda la indignación de mi rebeldía.

Los enemigos del pueblo fueron y siguen siendo los enemigos de Perón. Yo los he visto llegar hasta él con todas las formas de la maldad y de la mentira. Quiero denunciarlos definitivamente.

Y menos, pueden ser dirigentes del pueblo. Los dirigentes del pueblo tienen que ser fanáticos del pueblo. Si no, se marean en la altura y no regresan. Yo los he visto también con el mareo de las cumbres.

Solamente los fanáticos -que son idealistas y son sectarios- no se entregan. Los fríos, los indiferentes, no deben servir al pueblo.

Nosotros sí. Ellos no pueden ser idealistas, porque las ideas tienen su raíz en la inteligencia, pero los ideales tienen su pedestal en el corazón.

Donde existe una necesidad nace un derecho

Frente a frente, ellos y nosotros, ellos con todas las fuerzas del mundo y nosotros con nuestro fanatismo, siempre venceremos nosotros.

Yo he medido con la vara de mi corazón la frialdad y el fanatismo de los hombres. Los dos extremos han desfilado permanentemente ante mis ojos. El paisaje de estos años de mi vida es un inmenso contraste de luces y sombras.

Si alguna cosa tengo que reprocharle a las altas jerarquías militares y clericales es precisamente su frialdad y su indiferencia frente al drama de mi pueblo.

Todo esto merece odio o merece amor. Los tibios, los indiferentes, las reservas mentales, los peronistas a medias, me dan asco. Me repugnan porque no tienen olor ni sabor. Frente al avance permanente e inexorable del día maravilloso de los pueblos también los hombres se dividen en los tres campos eternos del odio, de la indiferencia y del amor. Hay fanáticos del pueblo.

Yo no diría nada si se tratase solamente de naciones, pero es que detrás de cada nación que someten los imperialismos hay un pueblo de esclavos, de hombres y mujeres explotados.

Nosotros somos un pequeño pueblo de la tierra, y sin embargo con nosotros Perón decidió ganar, frente al imperialismo capitalista, nuestra propia justicia y nuestra propia libertad. Y somos justos y libres.

¡No pueden vencernos! Basta con que nos decidamos.

Ya no podrán jamás arrebatarnos nuestra justicia, nuestra libertad y nuestra soberanía. Tendrían que matarnos uno por uno a todos los argentinos. Y eso ya no podrán hacerlo jamás.

En años de lucha he aprendido cómo juegan su papel en el gobierno de los pueblos las fuerzas políticas nacionales e internacionales, las fuerzas económicas y espirituales de la tierra, y cómo se disfrazan las ambiciones de los hombres.

De mí no se dirá jamás que traicioné a mi pueblo, mareada por las alturas del poder y de la gloria.

No entiendo los términos medios ni las cosas equilibradas. Sólo reconozco dos palabras como hijas predilectas de mi corazón: el odio y el amor.

Yo me pregunto: ¿qué pueden hacer un millón de acorazados, un millón de aviones y un millón de bombas atómicas contra un pueblo que decide sabotear a sus amos hasta conseguir la libertad y la justicia?

Donde esté Perón y donde estén mis descamisados allí estará siempre mi corazón para quererlos con todas las fuerzas de mi vida y con todo el fanatismo de mi alma.

Cada uno debe empezar a dar de sí todo lo que pueda dar, y aún más. Solo así construiremos la Argentina que deseamos, no para nosotros, sino para los que vendrán después, para nuestros hijos, para los argentinos de mañana.

Aquí estamos los hombres y las mujeres del pueblo, mi general, para custodiar vuestros sueños y para vigilar vuestra vida, porque es la vida de la patria, porque es la vida de las futuras generacio-nes, que no nos perdonarían jamás que no hubiéramos cuidado a un hombre de los quilates del general Perón, que acunó los sueños de todos los argentinos, en especial del pueblo trabajador

Yo le pido a Dios que no permita a esos insectos levantar la mano contra Perón, porque ¡guay de ese día! Ese día, mi general, yo saldré con el pueblo trabajador, yo saldré con las mujeres del pueblo, yo saldré con los descamisados de la patria, para no dejar en pie ningún ladrillo que no sea peronista.

Ya he tenido oportunidad de decir, identificada con el líder, que el peronismo no se aprende ni se proclama, se comprende y se siente. Por eso es convicción y es fe.

Yo estaré con ellos para que sigan adelante por el camino abierto de la justicia y de la libertad hasta que llegue el día maravilloso de los pueblos.

Evita, quería ser, cuando me decidí a luchar codo a codo con los trabajadores y puse mi corazón al servicio de los pobres, llevando siempre como única bandera el nombre del general Perón a todas partes. Si con ese esfuerzo mío conquisté el corazón de los obreros y de los humildes de mi Patria, eso es ya una recompensa extraordinaria que me obliga a seguir con mis trabajos y con mis luchas.

Con ellos y por ellos, por los trabajadores y por los descamisados, seguiré luchando como hasta hoy con el corazón y con el pensamiento puestos en el general, nuestro Líder, nuestro conductor, nuestro maestro y para mí el amigo leal que con la grandeza extraordinaria de su alma supo dejar mi decisión de estos días librada al arbitrio de mi propia conciencia y de mi propia voluntad.

En la realidad de mi país el sindicalismo es actualmente la fuerza organizada más poderosa que apoya el movimiento Peronista.

El objeto fundamental del Justicialismo en relación con el movimiento obrero es hacer desaparecer la lucha de clases y sustituirla por la cooperación entre capital y trabajo.

Desde que yo me acuerdo cada injusticia me hace doler el alma como si me clavase algo en ella. De cada edad guardo el recuerdo de alguna injusticia que me sublevó desgarrándome íntimamente.

No dejaré piedra sobre piedra que no sea peronista

Recuerdo muy bien que estuve muchos días tristes cuando me enteré que en el mundo había pobres y había ricos; y lo extraño es que no me doliese tanto la existencia de los pobres como el saber que al mismo tiempo había ricos.

Frases de Eva Perón contra la oligarquía y el poder

Nuestro pueblo ha vivido más de un siglo, de gobiernos oligarcas cuya principal tarea no fue atender al pueblo sino más bien a los intereses de una minoría privilegiada, tal vez refinada y culta, pero sórdidamente egoísta.

Aplastar por la bota oli-gárquica y traidora de los vendepatria que han explotado a la clase trabajadora.

Me rebelo indignada con todo el veneno de mi odio, o con todo el incendio de mi amor -no lo sé todavía-, en contra del privilegio que constituyen todavía los altos círculos de las fuerzas armadas y clericales.

Me tienen sin cuidado los odios y las alabanzas de los hombres que pertenecen a la raza de los explotadores.

El gran error de algunas fuerzas armadas consiste en creer que servir a la patria es una cosa distinta.

Las fuerzas armadas del mundo deben convencerse de esta absoluta verdad del peronismo.

Con las armas pueden matarnos, pero morir de hambre es más doloroso, y nosotros sabemos lo que es morir por hambre.

Debemos convencernos definitivamente de una sola cosa: de que el gobierno debe ser del pueblo y que nadie sino el pueblo puede ocuparlo, porque, si no, no será tampoco para el pueblo.

Los gobernantes del pueblo deben seguir viviendo con el pueblo.

Nunca la oligarquía fue hostil con nadie que pudiera serle útil. El poder y el dinero no tuvieron nunca malos antecedentes para un oligarca genuino.

El talón de Aquiles del imperialismo son sus intereses.

Es una condición fundamental para que los pueblos no empiecen a sentirse traicionados. Y para gobernar con sentido real de lo auténticamente popular.

Yo los he visto marearse por las alturas. Dirigentes obreros entregados a los amos de la oligarquía por una sonrisa, por un banquete o por unas monedas.

Conocieron el mundo de la mentira, de la riqueza, de la vanidad y en vez de pelear ante ellos por nosotros, por nuestra dura y amarga verdad, se entregaron.

La religión es para el hombre y no el hombre para la religión, y por eso la religión ha de ser profundamente humana, profundamente popular.

Esta es mi voluntad absoluta y permanente y será también por lo tanto cuando llegue mi hora, la última voluntad de mi corazón.

Para que no haya luchas de clases, yo no creo, como los comunistas, que sea necesario matar a todos los oligarcas del mundo.

Los ejércitos deben ser del pueblo y servirlo.

Yo estaré con ellos peleando en contra de todo lo que no sea pueblo puro, en contra de todo lo que no sea la "ignominiosa" raza de los pueblos. Yo estaré con ellos, con Perón y con mi Pueblo, para pelear contra la oligarquía vendepatria y farsante.

Que así como el oro respalda la moneda de algunos países, mis joyas sean el respaldo de un crédito permanente que abrirán los bancos del país en beneficio del pueblo, a fin de que se construyan viviendas para los trabajadores de mi Patria.

Es necesario que los hombres y mujeres del pueblo sean siempre sectarios y fanáticos y no se entreguen jamás a la oligarquía. No puede haber, como dice la doctrina de Perón, más que una sola clase: los que trabajan.

Pero, mientras tanto, lo fundamental es que los hombres del pueblo, los de la clase que trabaja, no se entreguen a la raza oligarca de los explotadores.

No lo conseguirán... no lo conseguirán como no han conseguido jamás la envidia de los sapos acallar el canto de los ruiseñores ni las víboras contener el vuelo de los cóndores...

Yo no los condeno personalmente. Aunque personalmente me combatieron y me combaten como enemiga declarada de sus propósitos y de sus intenciones.

La Patria es del pueblo, lo mismo que la Religión. No soy antimilitarista ni anticlerical en el sentido en que quieren hacerme aparecer mis enemigos.

Veo el panorama del mundo y en todas partes hay pueblos sometidos por gobiernos que explotan a sus pueblos en beneficio propio o de lejanos intereses. Y detrás de cada gobierno impopular he aprendido a ver ya la presencia militar, solapada y encubierta o descarada y prepotente.

Es necesario que los ejércitos del mundo defiendan a sus pueblos sirviendo la causa de la justicia y de la libertad.

Porque la fuerza suele tentar a los hombres, lo mismo que el dinero.

Todos los gobiernos han sido dominados por los altos círculos de sus fuerzas armadas.

Yo no diría una sola palabra si las fuerzas armadas fuesen instrumentos fieles al pueblo.

Se trata de convertirlas al pueblo y después, cuando todos sus dirigentes -sus oficiales- sean carne y alma del pueblo, habrá que permanecer alertas, vigilándolas para que no se entreguen otra vez.

El pueblo sólo tiene que elegir a sus gobernantes para que ellos hagan lo que el pueblo quiere.

Los generales deben servir al gobierno del pueblo con plena y absoluta conciencia de que nada en la Nación puede sobreponerse ni oponerse a la voluntad del pueblo.

Quiero aclarar aquí que hasta no hace muchos años, en este país, muchos "dirigentes" sindicales (a sueldo) consideraban que la Patria y sus símbolos eran prejuicios del capitalismo, lo mismo que la Religión

El enemigo acecha. No perdona jamás que un argentino, que un hombre de bien, el general Perón, esté trabajando por el bienestar de su pueblo y por la grandeza de la Patria. Los vendepatrias de dentro, que se venden por cuatro monedas, están también en acecho para dar el golpe en cualquier momento. Pero nosotros somos el pueblo y yo sé que estando el pueblo alerta somos invencibles porque somos la patria misma.

No nos vamos a dejar aplastar jamás por la bota oligárquica y traidora de los vendepatrias que han explotado a la clase trabajadora.

Hemos realizado este libro con mucho amor.

Si te ha gustado por favor dejan una reseña en la tienda donde lo has adquirido, tu opinión es muy importante y nos ayudará.

www.ingramcontent.com/pod-product-compliance
Lightning Source LLC
LaVergne TN
LVHW020011170826
845677LV00022B/2461

FRASES DE EVA PERÓN

EL PENSAMIENTO DE EVITA SINTETIZADO EN SUS CITAS MÁS FAMOSAS LAS MÁS POLÉMICAS, Y LAS MÁS INSPIRADORAS.

Eva Perón, más conocida como Evita, fue una de las mujeres más influyentes y populares de la historia argentina, sus luchas sociales y reivindicativas a favor de las mujeres y las clases más desfavorecidas, la convirtieron en más que una leyenda, un icóno de justicia social y los derech de la mujer.

Una selección de citas y frases de Evita, la mujer más importante de la política argentina, para pensar y reflexionar no solo sobre esta fascinante mujer, sino sobre la política, las luchas sociales y el feminismo.

"Donde hay una necesidad nace un derecho" - Evita

Nunca antes hubo una mujer más importante en la historia argentina con un rol tan protagónico y controvertido. Eva Perón dejó un legado imborrable y único en la política argentina.

ISBN 9789874876638

90000

9 789874 876638